用黃金圈法則
設計學涯

黃金圈

WHY
HOW
WHAT

WHY

✏️ 寫下我的使命與願景

提示：主詞＋動詞＋受詞，用一句話寫出來

舉例：我要幫助台灣學生對未來有想法

_____

_____

_____

_____

_____

_____

_____

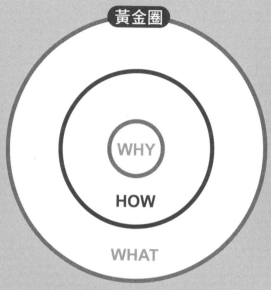

黃金圈

WHY

HOW

WHAT

HOW

 寫下我的特質、信念或價值觀

提示：形容詞或座右銘，寫三個

舉例： 1. 能傾聽不同的聲音

2. 能接納差異

3. 相信每個人都是特別的

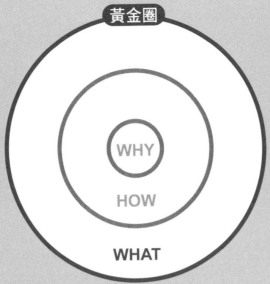

黃金圈

WHY

HOW

WHAT

WHAT

✏️ 寫下我的專長、技能或經歷

提示：名詞或一件事，寫三件

舉例： 1. 生涯規劃證照

2. 熟悉世界上關鍵的議題

3. 認識不同的職場與校系

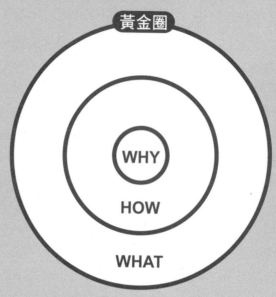

黃金圈

WHY

HOW

WHAT

我的學涯黃金圈完成了！

 我的使命與願景　**WHY**

 我的特質、信念或價值觀　**HOW**

 我的專長、技能或經歷　**WHAT**

找出
我的能力

寫下我表現最好、學得快的三個科目 ①

提示：成績較不錯的學校科目

舉例：國文

_____

_____

_____

_____

_____

_____

 當中應用的能力、最突出的能力

舉例：閱讀&寫作

_____

_____

_____

_____

_____

_____

 MEMO······

寫下我表現最好、學得快的三個科目 ②

提示：成績較不錯的學校科目

舉例：音樂

當中應用的能力、最突出的能力

舉例：絕對音感

寫下我表現最好、學得快的三個科目 ③

提示：成績較不錯的學校科目

當中應用的能力、最突出的能力

 MEMO……

寫下我最擅長的三種活動 ①

提示：常被人稱讚做得不錯的事
（描述得越詳細越好）

舉例：討論時很會彙整資料

_____

_____

_____

_____

_____

_____

當中應用的能力、最突出的能力

舉例：傾聽、快速抓出重點或架構性思考的能力

_____

_____

_____

_____

_____

 MEMO……

寫下我最擅長的三種活動 ②

提示：常被人稱讚做得不錯的事

（描述得越詳細越好）

舉例：打球時很會喊戰術、引導隊友

_____

_____

_____

_____

_____

_____

 當中應用的能力、最突出的能力

舉例：觀察情勢或快速決策的能力

_____

_____

_____

_____

_____

_____

😊 MEMO……

寫下我最擅長的三種活動 ③

提示：常被人稱讚做得不錯的事

（描述得越詳細越好）

 當中應用的能力、最突出的能力

😊 MEMO……

寫下我曾擔任過、表現最好的角色

舉例：社團的財務長

表現好的具體事件

舉例：曾經力排眾議，擋下超過預算的決策，
維持了社團的財務健康

當中用上了哪些關鍵能力

舉例：財務專業、組織管理、人際溝通

:) MEMO……

寫下我最常被別人稱讚的三種能力

舉例：很會講話、會交朋友、很幽默

 MEMO⋯⋯

從前面寫的各種能力中，找到交集或最突出的地方

寫下我的三個亮點能力

😊 MEMO……

我的能力表完成了！

我表現最好的三個科目是：

1.

2.

3.

當中應用的能力、最突出的能力分別是：

1.

2.

3.

我最擅長的三種活動是：

1.

2.

3.

當中應用的能力、最突出的能力分別是：

1.

2.

3.

我曾擔任過、表現最好的角色是：

具體事件為：

當中的關鍵能力是：

我最常被別人稱讚的三種能力是：
1.
2.
3.

統整一下》我的三個亮點能力是：
1.
2.
3.

找到我的
興趣和熱情

寫下我最主要的三個興趣 ①

提示：不用別人催就會主動做、做的時候感到時間過得特別快、遇到困難仍持續努力的事

舉例：彈吉他

 我為什麼喜歡做這件事

舉例：喜歡音樂、參加社團交朋友、彈一首歌很有成就感

 MEMO‥‥‥

✏️ 寫下我最主要的三個興趣 ②

提示：不用別人催就會主動做、做的時候感到時間過得特別快、遇到困難仍持續努力的事

舉例：看小說

✏️ 我為什麼喜歡做這件事

舉例：可以吸收新知、有新的想像空間、讓精神放鬆

☺ MEMO……

寫下我最主要的三個興趣 ③

提示：不用別人催就會主動做、做的時候感到時間
過得特別快、遇到困難仍持續努力的事

我為什麼喜歡做這件事

 MEMO……

✎ 寫下我最常關注的三個領域 ①

提示：看新聞最先看哪個版面、經常瀏覽哪些網站、課業之外最常關心哪些事

舉例：環保

_____

_____

_____

_____

_____

_____

✎ 關注的原因

舉例：氣候問題影響全世界

_____

_____

_____

_____

_____

_____

☺ MEMO……

寫下我最常關注的三個領域 ②

提示：看新聞最先看哪個版面、經常瀏覽哪些網
站、課業之外最常關心哪些事

舉例：教育

 關注的原因

舉例：自己就是教育體系的一部分

☺ MEMO……

寫下我最常關注的三個領域 ③

提示：看新聞最先看哪個版面、經常瀏覽哪些網站、課業之外最常關心哪些事

_____

_____

_____

_____

_____

_____

_____

關注的原因

_____

_____

_____

_____

_____

_____

_____

☺ MEMO……

寫下我最想成為的榜樣

舉例：Kobe Bryant

他最吸引我的地方

舉例：練球有紀律、態度值得敬佩

 MEMO……

綜合前面寫的興趣、關注的事、想成為的人

寫下我最有興趣、最有熱情的三個點

MEMO……

我的興趣 / 熱情表完成了！

我最主要的三個興趣是：

1.

2.

3.

我為什麼喜歡做這件事：

1.

2.

3.

我最關注的三個領域是：

1.

2.

3.

關注的原因分別是：

1.

2.

3.

我的興趣 / 熱情表完成了！

我最想成為的榜樣是：

他最吸引我的地方是：

統整一下》我的三個熱情點是：

1.

2.

3.

分析
我的特質

依據這張人格特質表，選出我最像哪類型，寫在下頁

類型	人格特質
實際型（R）	情緒穩定、坦誠直率、少說多做；喜歡能動手、明確固定且有實際產出的工作。看重當下重於想像未來；較喜獨自做事，相對不善於人際互動。
研究型（I）	擅觀察思考，依自己的步調解決問題，並追根究柢。不喜歡別人給指引、規矩和壓力，喜歡與同興趣或專業者討論。能提出新想法和策略，但對細節較無興趣。
藝術型（A）	直覺敏銳、善於表達和創新，追求不平凡，通常具備文學、音樂、藝術的能力。喜獨立作業，不喜歡管人、被管和被忽略，與人關係較隨興。
社會型（S）	對人和善、好相處，具備良好社交技能；喜歡傾聽、了解人，也願意付出時間精力幫助人。喜歡與大家一起努力，且關心人勝過於關心工作。
企業型（E）	精力旺盛、好冒險且有行動力，想改變不合理的事；善用領導力與口才，渴望成為焦點人物。不以現在的成就為滿足，也要求別人跟他一樣努力。
事務型（C）	個性謹慎、重規矩且精打細算，喜歡在清楚的規範下工作；給人感覺有效率、仔細而可靠。不太喜歡改變或創新，少冒險或領導。會選擇志趣相投的人為好朋友。

 MEMO……

我最像的第一型

對應的特質

為什麼

提示：用具體事件說明

☺ MEMO⋯⋯⋯

我最像的第二型

對應的特質

為什麼

提示：用具體事件說明

 MEMO……

我最像的第三型

對應的特質

為什麼

提示：用具體事件說明

😊 MEMO……

寫寫看

在這三種類型人的特質中，

哪些是我現在較缺乏、未來想培養的

☺ MEMO……

我的人格特質表完成了！

第一型：

對應的特質是：

為什麼我是這一型：

第二型：

對應的特質是：

為什麼我是這一型：

第三型：

對應的特質是：

為什麼我是這一型：

統整一下》上面寫出的特質中，哪些是我現在較不足，但接下來想培養的？

我的
現狀儀表板

以下五個領域，我給自己打幾分（1-5分）

自我價值

_____分

原因：

_____

_____

_____

身心健康

_____分

原因：

_____

_____

_____

☺ MEMO……

以下五個領域，我給自己打幾分（1-5分）

✏️ 人際關係

＿＿＿＿＿＿＿＿分

原因：

＿＿＿＿＿＿＿＿＿＿＿＿＿＿＿＿＿＿＿＿＿＿＿＿

＿＿＿＿＿＿＿＿＿＿＿＿＿＿＿＿＿＿＿＿＿＿＿＿

＿＿＿＿＿＿＿＿＿＿＿＿＿＿＿＿＿＿＿＿＿＿＿＿

✏️ 課業表現

＿＿＿＿＿＿＿＿分

原因：

＿＿＿＿＿＿＿＿＿＿＿＿＿＿＿＿＿＿＿＿＿＿＿＿

＿＿＿＿＿＿＿＿＿＿＿＿＿＿＿＿＿＿＿＿＿＿＿＿

＿＿＿＿＿＿＿＿＿＿＿＿＿＿＿＿＿＿＿＿＿＿＿＿

☺ MEMO……

以下五個領域，我給自己打幾分（1-5分）

 經濟狀態

_____ 分

原因：

_____

_____

_____

 從這些寫下的原因，也能看出心中重視的面向！

☺ MEMO……

以下價值觀，我覺得最重要是哪五項，寫在下頁

人氣	自然	健康	與人連結	有創意	有財務保障
才智	別人的贊同	專業能力	領導	有意義的工作	家人
仁慈	快樂	情感	影響他人	有競爭力	愛
分享	改變	啟發	憐憫	自由	權力
友誼	和平	教導	樂趣	自尊	有效率
外貌	忠誠	被社會接受	熱情	旅行	個人成長
平衡	承擔風險	認同感	學習	時間	意義
正直	服務他人	傑出	獨立	秩序	關係
交際	果決	創造改變	獨處	能力	成就
休閒	知識	喜悅	親密關係	貢獻	美
歡笑	社群	尊敬	幫助他人	愛國情操	傳統
開放	肯定	愉悅	自然環境	感情關係	藝術
名留青史	金錢	智慧	謙和	溫柔	靈性成長
聲望	信仰	發揮潛力	隱私	誠實	穩定
地位	信任	舒適	歸屬感	慷慨	成長
安全感	冒險	進步	職涯發展	權威	政治自由

我最重視的價值觀

第一名：

第二名：

第三名：

第四名：

第五名：

 MEMO……

為什麼最重視這五個價值觀，寫寫看

恭喜你，已經更認識自己的能力、興趣熱情、人格特質、現狀、價值觀，這些答案將伴隨你展開未來的探索！

 MEMO……

開始想像
未來的自己

選擇要探索
哪個議題

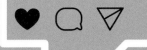

從新聞媒體蒐集熱門議題，或從自身生活經驗發想，選出有興趣的議題

我有興趣的議題

這個議題主要是關於

:) MEMO……

為什麼我對這個議題有興趣，寫下來

MEMO……

依據5W2H提問，
來更深入分析這個議題

What

 我鎖定的議題是什麼？

其中要探討的子議題為何？

舉例：教育議題、108課綱（用自己的話，在1-3句中
寫出來）

 MEMO……

依據5W2H提問，
來更深入分析這個議題！

Why

它為何發生？又為何重要？

舉例：108課綱希望讓每位學生活出自己的特色，不再只以分數定義人，學生的學習會有巨大的改變（用自己的話，在1-3句中寫出來）

 MEMO……

依據5W2H提問，
來更深入分析這個議題！

When

它發生於何時？持續期間有多長？

舉例：從民國103年發布，108年開始實施（用自己的話，在1-3句中寫出來）

 MEMO……

依據5W2H提問，來更深入分析這個議題！

Who

 它牽涉到哪些人？影響到哪些人？

舉例：108課綱施行的對象是從國小到高中的每一位學生，同時也會影響到家長、老師，當學生畢業進入社會後，也將影響社會的發展（用自己的話，在1-3句中寫出來）

_____

_____

_____

_____

_____

_____

_____

_____

:) MEMO……

依據5W2H提問，
來更深入分析這個議題！

Where

它在哪裡發生？牽涉範圍有多廣？

舉例：108課綱的施行地區，是台灣全國（含離島）

（用自己的話，在1-3句中寫出來）

 MEMO······

依據5W2H提問，
來更深入分析這個議題！

How

 它如何發生？又如何影響人？

舉例：108課綱有許多變革，包含學習歷程、素養導向教學、自主學習、必修減少選修增加、考試制度改革等；學生能更多元學習，但壓力可能變大，老師、家長也需要重新適應（用自己的話，在1-3句中寫出來）

:) MEMO……

依據5W2H提問，
來更深入分析這個議題！

How Much

 它的市場規模或造成的損失有多少？

舉例：整體課綱已經投入超過450億，還會繼續增加；而補習市場則至少超過百億（用自己的話，在1-3句中寫出來）

 MEMO……

有關這個議題，還有哪些仍待解決的問題？

舉例： 1. 學生普遍對108課綱不夠理解，有些標準也並不清楚

2. 城鄉教育資源差距，造成學生學習表現落差大

3. 素養、跨領域、生涯探索教師不足，難以照顧許多學生

 寫下三個問題

1.

2.

3.

這些問題就是你可以持續發展、發揮長才的方向喔！

 MEMO……

我的議題探索表完成了！

我所選擇的議題是：

_____

這個議題主要是關於什麼：

_____

我對這個議題有興趣的原因是：

_____

_____

用「5W2H」深入分析

What 我鎖定的議題是什麼？其中要探討的子議題為何？

_____

_____

_____

Why 它為何發生？又為何重要？

_____

_____

_____

When 它發生於何時？持續期間有多長？

_____

_____

_____

我的議題探索表完成了！

Who 它牽涉到哪些人？影響到哪些人？

_____

_____

Where 它在哪裡發生？牽涉範圍有多廣？

_____

_____

How 它如何發生？又如何影響人？

_____

_____

How Much 它的市場規模或造成的損失有多少？

_____

_____

仍待解決的問題有哪些？（舉三個）

1. _____

2. _____

3. _____

把我的天賦和
有興趣的議題結合

✏ 寫寫看+連連看

我的興趣或熱情	我想解決的問題

可翻回前面看自己寫過的回答　　　可翻回前面看自己寫過的回答

 MEMO……

把我的興趣和想解決的問題相連後，出現哪些想法？（寫下最有趣的兩個）

舉例：用玩遊戲的方式，解決水資源浪費的問題

 這些答案，可以作為自主學習計畫的靈感！

 MEMO……

開始探索
有興趣的產業

翻回前面，在你有興趣的議題中，看一下之前所寫下「仍待解決的問題」

 想一想，哪個是我最想解決的問題

☺ MEMO……

查一查，世界上有誰在解決這個問題

第一個組織

組織類型

他們為什麼吸引我

:) MEMO……

✏️ **他們在做什麼事（產品或服務）？效果如何？**

✏️ **他們在找什麼人（能力或特質）？薪水多少？**

☺ MEMO……

查一查，世界上有誰在解決這個問題

📝 第二個組織

📝 組織類型

📝 他們為什麼吸引我

☺ MEMO……

他們在做什麼事（產品或服務）？效果如何？

他們在找什麼人（能力或特質）？薪水多少？

☺ MEMO……

查一查，世界上有誰在解決這個問題

第三個組織

組織類型

他們為什麼吸引我

☺ MEMO……

他們在做什麼事（產品或服務）？效果如何？

他們在找什麼人（能力或特質）？薪水多少？

MEMO……

根據前面的結果，想一想以下問題，寫下來

✎ **如果可以任意進入其中一個組織工作，我會選擇哪一個？**

_____

_____

✎ **為什麼？**

_____

_____

_____

_____

_____

_____

_____

_____

_____

☺ MEMO……

他們在做的事，
和我的能力、熱情、特質有什麼連結？

 MEMO……

我對他們的徵才條件有什麼想法？

我還需要培養什麼能力？

☺ MEMO……

我的產業探索表完成了！

我最有興趣或想解決的問題是：

世界上有誰在解決這個問題，寫三個

組織名稱： 組織類型：

他們吸引我的亮點是？

他們在做什麼事（產品或服務）？效果如何？

他們在找什麼人（能力或特質）？薪水多少？

組織名稱： 組織類型：

他們吸引我的亮點是？

他們在做什麼事（產品或服務）？效果如何？

他們在找什麼人（能力或特質）？薪水多少？

我的產業探索表完成了！

組織名稱：　　　　　　　　　組織類型：

他們吸引我的亮點是？

他們在做什麼事（產品或服務）？效果如何？

他們在找什麼人（能力或特質）？薪水多少？

選擇最想加入的組織，深入分析

會選擇哪一個？為什麼？

他們在做的事，和我的能力、熱情、特質有什麼連結？

我對他們的徵才條件有什麼想法？

我還需要培養什麼能力？

開始探索
想做的工作

寫寫看

我最想從事的職業是？為什麼？

舉例：社工師，因為可以直接幫助很多有需要的家庭

 MEMO……

想從事這個職業，

和我的天賦、現狀或價值觀有關嗎？

舉例：想成為行政人員，因上下班穩定，可更多與家
人相處；想當工程師，因為收入高，可供應經濟需要

_____

_____

_____

_____

_____

_____

我的父母、親戚、學長姐或朋友中，

有誰從事這個職業嗎？

_____

_____

_____

_____

_____

_____

_____

☺ MEMO⋯⋯

上網查一下關於這個工作的資料，寫下來

它主要在做什麼事？

它的平均工時、薪水與工作環境如何？

☺ MEMO……

這個工作需要什麼知識、能力、技術或證照？（每項至少寫一個）

舉例：需要有很高的耐心與溝通力，需要明白社福法規，需要社工師執照

_____

_____

_____

_____

_____

_____

_____

_____

_____

_____

_____

_____

_____

_____

_____

_____

_____

 MEMO······

進一步了解這個職業

我可以參考什麼書籍、課程或資訊？

我可以參加什麼組織或活動？

 MEMO……

我的職業探索表完成了！

我最想從事的職業是：
_____

為什麼想從事這個職業？
_____

_____

與我的天賦、現狀或價值觀有關嗎？
_____

_____

我的父母、親戚、學長姐或朋友中，有誰從事這個職業嗎？
_____

_____

我的職業探索表完成了！

關於職業本身

它主要在做什麼事？

它的平均工時、薪水與工作環境如何？

需要什麼知識、能力、技術或證照？（每項至少寫一個）

關於後續規劃

若我想進一步了解這個職業，有什麼書籍、課程或資訊，是我能涉獵的？

有什麼組織或活動，是我能參加的？

建立我的
學習組合計畫

翻看一下前面產業和職業探索的內容

我想做的工作

舉例：社工師

這個工作需要什麼知識、能力、技術或證照？（每項至少寫一個）

舉例：需要有很高的耐心與溝通力，需要明白社福法規，需要社工師執照

☺ MEMO……

上網查一查大學系所的資料，寫下來

 最相關的1-3個學系是什麼？

分別有何相關？

舉例：社工系，社工系畢業可直接考證照

_____

_____

_____

_____

_____

_____

_____

_____

_____

_____

_____

_____

_____

 MEMO……

我的學校提供哪些相關資源，
例如選修課程、活動或社團？

我可以參加哪些組織的活動，例如某協會的講座或營隊？

☺ MEMO......

我可以追蹤哪些網站，或收看哪些線上課程？

_____

_____

_____

_____

_____

_____

_____

我可以去讀哪些書，例如教科書或雜誌？

_____

_____

_____

_____

_____

_____

_____

_____

☺ MEMO……

我可以追蹤哪些社群帳號，
讓自己持續了解相關領域？

我可以找哪些人當Mentor，
例如家人、老師或學長姐？

☺ MEMO……

我的學習組合計畫表完成了！

根據產業和職業探索的結果，我想做的工作是：

這個工作需要什麼能力、知識、技能或證照？（每項至少寫一個）

如何滿足以上需求？	所需費用與時間
最相關的1-3個學系是什麼？分別有何相關？ 1. 2. 3.	
我的學校提供哪些相關資源，例如選修課程、活動或社團？	

如何滿足以上需求？	所需費用 與時間
我可以去讀哪些書，例如教科書或雜誌？	
我可以參加哪些組織的活動，例如某協會的講座或營隊？	
我可以追蹤哪些網站，或收看哪些線上課程？	
我可以追蹤哪些社群帳號，讓自己持續了解相關領域？	
我可以找哪些人當Mentor，例如家人、老師或學長姐？	

（可參考書中的學習資源清單）

開始探索
想讀的科系

鎖定一個最想讀的系，
查看校網、系網、課表

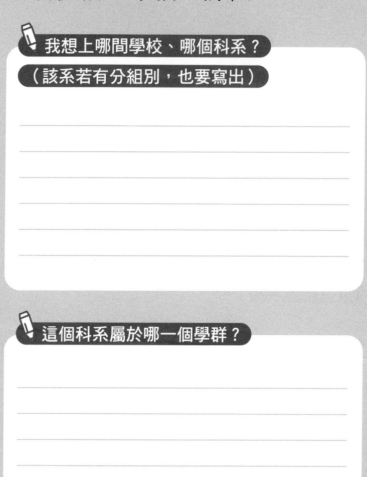

我想上哪間學校、哪個科系？

（該系若有分組別，也要寫出）

這個科系屬於哪一個學群？

 MEMO……

📝 這個科系學習內容的重點為何？

📝 這所學校在哪些領域，有特別豐富的 資源或成就？

🙂 MEMO……

🖍 這所學校、所屬學院與科系，
有哪些資源、學程或活動很吸引我？

🖍 這個系所一般需幾年畢業？
學雜費總共多少？

☺ MEMO……

查詢此科系的入學條件

我預計使用哪一種入學方式？

一階採計哪些科目？是否有加權？

若進入二階，甄試項目有哪些？

MEMO……

📝 在我的各科成績中，可能有哪些需要加強？

_____

_____

_____

_____

_____

_____

📝 我要怎麼做？

_____

_____

_____

_____

_____

_____

_____

😊 MEMO……

我可以參與哪些競賽或事務？

我可以爭取哪些特殊成績表現？
（資優班、外語能力測驗、各類檢定）

😊 MEMO……

我可以參與哪些社團、活動？

_____

_____

_____

_____

_____

_____

_____

我可以針對什麼主題進行加深加廣或自主學習？

_____

_____

_____

_____

填寫時，可參考前面的學習組合計畫表！

☺ MEMO……

我的科系探索表完成了！

校系綜觀

我想上哪間學校、哪個科系？（該系若有分組別，也請明確寫出）

本科系是屬於哪一個學群？學習內容的重點為何？

請勾選：

☐ 我已看過學校校網，知道學校發展方向與校內特色組織

☐ 我已看過該科系系網，並看過課表

☐ 我已照課表內容，查閱開放式課程網，並看過1門以上相關課程

這所學校在哪些領域，有特別豐富的資源或成就？

這所學校、所屬學院與科系，有哪些資源、學程或活動很吸引我？

這個系所一般需幾年畢業？學雜費總共多少？

入學需求—成績

我預計使用哪一種入學方式？

一階採計哪些科目？是否有加權？

若進入二階，甄試項目有哪些？

在我的各科成績中，可能有哪些需要加強？我會怎麼做？

入學需求—學習歷程

我可以參與哪些競賽或事務？

我可以爭取哪些特殊成績表現？（資優班、外語能力測驗、各類檢定）

我可以參與哪些社團、活動，或針對什麼主題，進行加深加廣或自主學習？

開始規劃
學習歷程

填寫OGSM
企劃書

Objective 我的最終目的

提示：簡述未來想成為怎樣的人

舉例：希望成為改變環境的創業家

寫下我的最終目的

_____

_____

_____

_____

_____

_____

_____

_____

_____

_____

_____

_____

_____

_____

☺ MEMO……

Goal 我的階段性目標

提示：包含短、中、長期具體目標

舉例：

短期：中學時哪些科目要提升成績？想自主學習哪些主題？

中期：大學想上什麼系？選修什麼課？完成什麼事？

長期：第一份工作想做什麼？

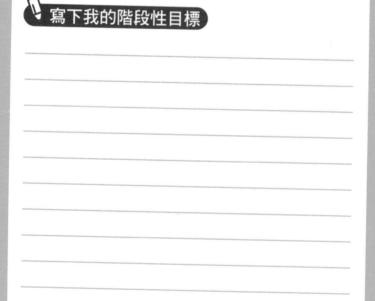

寫下我的階段性目標

 MEMO......

Strategy 我的策略

提示：達成每個階段性目標的策略

舉例：要上哪些課？參加什麼活動？去哪裡實習？

寫下我的策略

 MEMO……

Measure 我的檢核標準

提示：為檢核前面寫的目標和策略是否達成；可製作
作一份行動計畫表

_____

_____

_____

_____

_____

_____

_____

_____

_____

_____

_____

_____

 趕快翻開下一頁，開始填寫高
中三年的行動計畫表，朝目標
前進！

 MEMO……

填寫高中三年
時程規劃表

填寫升高一暑假的計畫

我想加強的科目

我打算選修的校內課程

我想做的自主學習計畫

我想參加的校外活動

誰可以當我的Mentor

☺ MEMO……

填寫高一上學期的計畫

我想加強的科目

我打算選修的校內課程

我想做的自主學習計畫

我想參加的校外活動

誰可以當我的Mentor

 MEMO……

填寫高一寒假的計畫

🖊 我想加強的科目

_____

_____

🖊 我打算選修的校內課程

_____

_____

🖊 我想做的自主學習計畫

_____

_____

🖊 我想參加的校外活動

_____

_____

🖊 誰可以當我的Mentor

_____

_____

 MEMO……

填寫高一下學期的計畫

我想加強的科目

我打算選修的校內課程

我想做的自主學習計畫

我想參加的校外活動

誰可以當我的Mentor

 MEMO……

填寫升高二暑假的計畫

我想加強的科目

_____

_____

我打算選修的校內課程

_____

_____

我想做的自主學習計畫

_____

_____

我想參加的校外活動

_____

_____

誰可以當我的Mentor

_____

_____

 MEMO……

填寫高二上學期的計畫

我想加強的科目

我打算選修的校內課程

我想做的自主學習計畫

我想參加的校外活動

誰可以當我的Mentor

☺ MEMO⋯⋯

填寫高二寒假的計畫

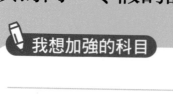

我想加強的科目

_____

_____

我打算選修的校內課程

_____

_____

我想做的自主學習計畫

_____

_____

我想參加的校外活動

_____

_____

誰可以當我的Mentor

_____

_____

☺ MEMO……

填寫高二下學期的計畫

📝 我想加強的科目

📝 我打算選修的校內課程

📝 我想做的自主學習計畫

📝 我想參加的校外活動

📝 誰可以當我的Mentor

☺ MEMO……

填寫升高三暑假的計畫

✏ **我想加強的科目**

✏ **我打算選修的校內課程**

✏ **我想做的自主學習計畫**

✏ **我想參加的校外活動**

✏ **誰可以當我的Mentor**

☺ MEMO……

填寫高三上學期的計畫

我想加強的科目

我打算選修的校內課程

我想做的自主學習計畫

我想參加的校外活動

誰可以當我的Mentor

☺ MEMO······

填寫高三寒假的計畫

✏️ 我想加強的科目

_____

_____

✏️ 我打算選修的校內課程

_____

_____

✏️ 我想做的自主學習計畫

_____

_____

✏️ 我想參加的校外活動

_____

_____

✏️ 誰可以當我的Mentor

_____

_____

😊 MEMO……

填寫高三下學期的計畫

我想加強的科目

我打算選修的校內課程

我想做的自主學習計畫

我想參加的校外活動

誰可以當我的Mentor

:) MEMO……

填寫升大一暑假的計畫

我想加強的科目

_____

_____

我打算選修的校內課程

_____

_____

我想做的自主學習計畫

_____

_____

我想參加的校外活動

_____

_____

誰可以當我的Mentor

_____

_____

☺ MEMO……

我的高中三年時程規劃表完成了！

各階段時間點	課程學習成果	
	重點加強科目	欲選修課程
升高一暑假		
高一上學期		
高一寒假		
高一下學期		

多元表現		找到Mentor
自主學習計畫	參與校外活動	

我的高中三年時程規劃表
完成了！

各階段時間點	課程學習成果	
	重點加強科目	欲選修課程
升高二暑假		
高二上學期		
高二寒假		
高二下學期		

多元表現		找到Mentor
自主學習計畫	參與校外活動	

我的高中三年時程規劃表
完成了！

各階段時間點	課程學習成果	
	重點加強科目	欲選修課程
升高三暑假		
高三上學期		
高三寒假		
高三下學期		
升大一暑假		

多元表現		找到Mentor
自主學習計畫	參與校外活動	

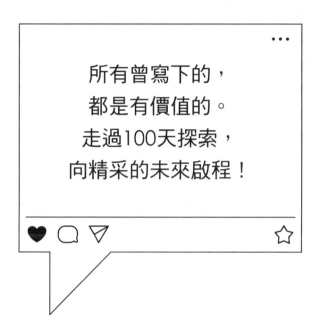

所有曾寫下的，
都是有價值的。
走過100天探索，
向精采的未來啟程！

CONTENTS

・・・

一天書寫一頁，
開始我的探索之旅。
我就是自己的
學 涯 設 計 師 ！

♥ ◯ ▷   ☆